Sabine Kapeller / Ruth Burgos / Lena Richter

Windlichter

mit Perlen, Draht, Windowcolor & mehr

frechverlag

Von den Autorinnen sind weitere Bücher mit ausgefallenen Ideen im frechverlag erschienen:

TOPP 2577

TOPP 2436

TOPP 2498

Die Anleitung für das Weißblech-Windlicht, Seite 1, finden Sie auf Seite 8, die Beschreibung für das Fimo-Windlicht, Seite 3, steht auf Seite 4.

Fotos: frechverlag GmbH + Co. Druck KG, 70499 Stuttgart; conAction, Frank Busch, Stuttgart

Dieses Buch enthält: 1 Vorlagenbogen

Auflage:	5.	4.	3.	2.	1.	Letzte Zahlen
Jahr:	2004	2003	2002	2001	2000	maßgebend

frechverlag GmbH + Co. Druck KG, 70499 Stuttgart

ISBN 3-7724-2610-7 · Best.-Nr. 2610

Druck: frechverlag GmbH + Co. Druck KG, 70499 Stuttgart

Lassen Sie sich vom sanften Schein dieser Windlichter in ihren Bann ziehen. Sie benötigen nur wenige Materialien, um aus schlichten Trinkgläsern erlesene Unikate zu schaffen.

Ein kleines Mitbringsel für die nächste Einladung, ein sehr persönliches Geschenk für die beste Freundin oder eine ausgefallene Dekoration für die bevorstehende Party – für welchen Anlass auch immer Sie ein Windlicht gestalten, man wird von Ihren Kreationen beeindruckt sein.

LEUCHTEND TRANSPARENT

Einfache Gläser werden mit Fimo®-Transparent oder Geschenkpapier ummantelt – und schon erstrahlen sie in neuem Glanz. Warme Gelb- und Rottöne laden ein zu einem gemütlichen Plausch am Gartentisch.

Mit Fimo® erzielen Sie Metall- und Mosaikeffekte. Geschenkpapier gibt es in so vielen schönen Dessins, dass es schade wäre, dieses nicht zu nutzen. Als Ummantelung für Windlichter macht das Papier eine glänzende Figur, es sollte nur nicht zu dick sein. Mit ein wenig Salatöl erhält es eine wunderbar durchscheinende Transparenz.

Metalleffekte aus Fimo

Whiskeybecher • Fimo® in Bronze • Fimo®-Transparent in Weiß (Transparent) oder Orange • Glasplatte als Unterlage • Nudelmaschine oder Gummiwalze • Geodreieck • Küchenmesser • Teelicht

Eine Variante des linken Windlichts sehen Sie auf Seite 3. Kneten Sie zunächst das transparente Fimo geschmeidig und drehen Sie es durch die Nudelmaschine (bis Einstellung 6). Sie können hierfür auch eine Gummiwalze verwenden, falls Sie keine Nudelmaschine besitzen. Ummanteln Sie das Whiskeyglas mit Fimo und schneiden Sie die Überstände ab. Falls Sie anstückeln müssen, rollen Sie die Übergänge mit der Gummiwalze oder einem runden Bleistift glatt.

Nun kneten Sie das bronzefarbene Fimo geschmeidig, drehen es ebenfalls durch die Nudelmaschine und schneiden es mit Hilfe des Geodreiecks in gleichmäßige, schmale Streifen. Legen Sie die Streifen so auf das Glas, wie es auf dem Foto zu sehen ist, und rollen Sie das Gitter mit der Gummiwalze oder einem Bleistift fest.

Zum Schluss „backen“ Sie die Windlichter etwa 20 Minuten bei 130° C im Ofen. Beachten Sie bitte die Angaben des Herstellers.

Mosaik aus Fimo

Fimo® in Rot • Fimo®-Transparent in Orange, Gelb und Pink • weitere Materialien siehe oben

Für das Mosaik-Windlicht drehen Sie nacheinander alle Farben bis Stufe 6 durch die Nudelmaschine. Dann schneiden Sie das transparente Fimo in gleich große Quadrate und das rote Fimo in schmale Streifen. Aus diesen Einzelteilen setzen Sie nun Stück für Stück das Mosaik zusammen. Sollte Ihr Glas nach unten schmaler werden, müssen Sie von den Quadraten der unteren Reihen immer wieder ein Stück abschneiden, damit das Muster nicht schief wird.

Wenn das ganze Glas bedeckt ist, rollen Sie mit der Gummiwalze oder einem Bleistift so lange über die Fimo-Schicht, bis alle Übergänge sauber und keine Lücken mehr zu sehen sind. Dann wird das Fimo etwa 20 Minuten bei 130° C im Ofen gehärtet. Beachten Sie bitte die Angaben des Herstellers.

In Geschenkpapier gehüllt

Glas, ca. 9 cm hoch • Teelicht • Geschenkpapier • Schreibmaschinenpapier in Weiß • Salatöl • Backpinsel • alte Zeitungen • Schere • UHU Kraft oder Zwei-Komponentenkleber

Machen Sie sich aus weißem Papier eine Schablone für den Umfang bzw. die Ummantelung Ihres Glases.

Suchen Sie ein geeignetes, nicht zu dickes Geschenkpapier aus und schneiden Sie dieses Papier ca. 5 cm größer zu als die Schablone.

Legen Sie das Geschenkpapier auf mehrere Lagen Zeitungspapier und bestreichen Sie es mit einem Backpinsel mit Salatöl. Das Geschenkpapier muss richtig durchgetrocknet sein (das kann manchmal bis zu zwei Tagen dauern), bevor Sie es mit Hilfe der Papierschablone in der Größe Ihres Windlichts zuschneiden können. Mit UHU Kraft oder einem Zwei-Komponentenkleber fixieren Sie den hübschen „Mantel" auf dem Glas.
Wenn Sie am oberen Rand keinen geraden Abschluss möchten, schneiden Sie einfach einige Zacken ein.

Märchenhaftes aus 1001 Nacht

Warme Farben, schwere Düfte. Mit Duft-Teelichtern bestückt, entführen Sie diese Windlichter in die geheimnisvolle Welt des Orients. Die stimmungsvolle Bemalung ist zwar nicht kratzfest, dafür aber mit einer Bürste vollständig wieder abwaschbar.

Windlichter mit Acrylfarbe und Windowcolor

Größere Trinkgläser • Acrylfarbe in Gelb, Rot und Grün • Windowcolor-Konturenfarbe in Gold • Duft-Teelichter • Borstenpinsel • Klarsichthülle (für Windowcolor geeignet) • altes Tellerchen

Geben Sie von jeder Farbe einen kleinen Klecks auf das Tellerchen. Tauchen Sie den trockenen Pinsel in eine der Farben und tupfen Sie die Farbe auf das Glas, bis der Pinsel leer ist. Dann tauchen Sie den Pinsel in eine zweite Farbe und tupfen so über die erste Farbe, dass sich eine mehr oder weniger starke Mischung ergibt. Der Anstrich kann ruhig etwas wolkig aussehen.
Malen Sie nun die größeren Ornamente nach Vorlage so oft auf die Klarsichthülle, dass sie 1- bzw. 2-mal um das Glas herumreichen. Den Goldrand malen Sie direkt auf das getrocknete Glas.
Wenn auch die Windowcolor-Farbe gut getrocknet ist, lösen Sie die Ornamente vorsichtig von der Folie ab und bekleben damit das Glas. Zum Schluss ergänzen Sie noch Punkte und Dreiecke und lassen diese wiederum trocknen.

GLANZLICHTER

Schlicht und einfach – und doch von großer Ausstrahlung. Die farbigen Perlen zaubern warme Lichteffekte auf die Windlichter aus kühlem Weißblech.

Die hier abgebildeten Modelle sind als Anregung gedacht. Lassen Sie sich von unseren Dekorationen zu eigenen Kreationen inspirieren, denn möglicherweise bekommen Sie im Handel nicht genau die gleichen Windlichter, sondern nur ähnliche.

Es gibt sie in vielen Geschäften fertig zu kaufen, vor allem in Möbelhäusern findet man sie als Accessoires oder Tischschmuck. Mit Perlen beklebt oder mit Herzen aus Draht und Windowcolor dekoriert (siehe Seite 1) werden aus den einfachen Windlichtern echte Designerstücke.

Weißblech mit Perlen beklebt

Fertige Weißblech-Windlichter • 4 handgearbeitete, viereckige Glasperlen • Rocailles in Kobaltblau und Türkis, ø 2,5 mm • Zwei-Komponentenkleber • Sekundenkleber • Pinzette • Teelichter

Variation A:

Die Dekoration dieses Windlichts geht besonders schnell und einfach: Sie rühren etwas Zwei-Komponentenkleber an, bestreichen die vier großen, handgearbeiteten Glasperlen auf der Rückseite damit und lassen den Klebstoff antrocknen. Danach bringen Sie je eine große Perle in der Mitte jeder Weißblechseite an.

Variation B:

Je nach dem, wie viel Geduld Sie haben, können Sie die kleinen Löcher nur auf zwei Seiten oder auch auf allen vier Seiten des Windlichts mit Perlen bekleben. Hier auf dem Foto wurden mit Sekundenkleber und einer Pinzette im Wechsel kleine Rocailles in Blau und Türkis aufgebracht.

TIPP Falls Sie keine Weißblech-Windlichter zu kaufen bekommen, können Sie diese in ähnlicher Form auch selbst aus Alublech biegen und mit einem Bürolocher, Motivlocher oder Dosenöffner Löcher anbringen.

VORSICHT!

Wenn Sie mit Sekundenkleber arbeiten, sollten Sie diesen wirklich nie an die Hände bekommen, denn das kann sehr unangenehm werden!

Weißblech mit Herz

(Abbildung Seite 1)

Weißblech-Windlicht • Windowcolor in Rot • Silberdraht, 0,8 mm stark, zum Biegen • Klarsichthülle (für Windowcolor geeignet) • Klebefilm • Seitenschneider • Zwei-Komponentenkleber • Teelicht

Die vier Herzen finden Sie auf dem Vorlagenbogen als Biegemuster. Schneiden Sie vier Stücke Silberdraht zurecht und biegen Sie zuerst die Herzen in Form. Befestigen Sie die Herzstiele so mit Klebefilm auf einer Klarsichthülle, dass die Drahtformen plan auf der Folie liegen. Dann malen Sie mit roter Windowcolor-Farbe die Drahtherzen aus und lassen Sie gut trocknen (Angaben des Farbenherstellers beachten).

Rühren Sie ein wenig Zwei-Komponentenkleber an und befestigen Sie damit in jeder Ecke des Windlichts ein Herz. Legen Sie dazu das Windlicht auf eine Seite, denn so können Sie in zwei Ecken gleichzeitig je ein Herz fixieren. Das dauert ein bisschen, denn Sie müssen eine Weile warten, bis der Klebstoff angetrocknet ist, bevor Sie die Herzen in den beiden anderen Ecken anbringen können.

BLAUE SOMMERNACHTSTRÄUME

Anleitung Seite 12/13.

BLAUE SOMMER-NACHTS-TRÄUME

(Abbildung Seite 10/11)

Windowcolor, Perlen und Draht sind Materialien, die gut miteinander harmonieren. Die Blautöne erinnern an Urlaub, Meer und Sommernachts-Feeling.

Windlicht mit Perlenkleid

Kleines Windlicht aus Glas • blau lackierter Maschendraht (selbst gesprüht oder gekauft • blauer Basteldraht • verschiedene Glasperlen • Seitenschneider • Teelicht

Dieses Windlicht wird genauso wie das grüne, mit Perlen geschmückte Glas auf Seite 31 gearbeitet. Hier werden allerdings die Perlenstränge ganz dicht aneinander gelegt.

Tropfen-Perlen in Windowcolor-Wellen eingebettet

Trinkglas, ca. 9,5 cm hoch • Teelicht • Windowcolor-Konturenfarbe in Schwarz • Windowcolor in Mittelblau • tropfenförmige Glasperlen in Helltürkis, ca. 8 mm lang • Glasstifte in Türkis, 7 mm lang • Transparentpapier • Bleistift • Klebefilm • Pinzette • Teelicht

Windowcolor wird bei diesem Windlicht direkt aufs Glas aufgebracht. Das Wellen-Muster können Sie frei Hand malen. Wer sich nicht traut, kann das Motiv vom Vorlagenbogen auf Transparentpapier übertragen. Dann müssen Sie das Wellen-Motiv, je nach Größe Ihres Glases, eventuell mit dem Fotokopierer vergrößern oder verkleinern. Befestigen Sie das Transparentpapier mit einigen Klebefilmstreifen innen im Glas und malen Sie zuerst die schwarzen Linien mit Windowcolor-Konturenfarbe nach. Diese muss leicht angetrocknet sein (ca. 40 Minuten, Angaben des Farbenherstellers beachten), bevor Sie die Wellen-Flächen mit blauer Farbe ausmalen können. Auf einige kleinere Flächen wird keine Farbe aufgetragen, diese sind in der Vorlage mit einem „x" gekennzeichnet.

Wenn die Windowcolor-Farbe etwas, aber noch nicht vollständig trocken ist, verteilen Sie die Tropfenperlen und die Glasstifte nach Ihrem Geschmack auf der Kontur und in den Farbflächen. Eine Pinzette ist dabei sehr hilfreich. Sobald die Farbe ganz trocken ist, sind auch die Perlen fest fixiert.

Windowcolor-Licht aus Maschendraht

Teelicht in Glasbecher • blau lackierter Maschendraht (selbst gesprüht oder gekauft) • blauer Basteldraht • Windowcolor in Blautönen • Seitenschneider • Klarsichthülle (für Windowcolor geeignet)

WICHTIG!

Mit Windowcolor verzierte Gläser keinesfalls mit heißem Wasser und Spülmittel reinigen oder in die Spülmaschine stellen! Sie können sie mit kühlem Wasser abspülen. Die Verzierungen können Sie jederzeit wieder abziehen und durch neue Dekorationen ersetzen.

Schneiden Sie den Maschendraht mit dem Seitenschneider in der gewünschten Länge zu und legen Sie ihn ganz flach auf die Klarsichthülle.
Nun malen Sie jedes Kästchen großzügig mit Windowcolor aus. Dazu sollten Sie reichlich Farbe verwenden, da sich der Draht gut mit der Farbe verbinden muss. An beiden Rändern sollten Sie eine Reihe des Drahtes unbemalt lassen.
Nun muss die Farbe mindestens 24 Stunden lang trocknen. Nehmen Sie dann den bemalten Draht vorsichtig von der Folie und biegen Sie ihn rund. Legen Sie die beiden unbemalten Reihen aufeinander und verbinden Sie sie mit einem Stück Draht. Danach rollen Sie die Klarsichthülle zusammen und stecken sie in den Drahtring. Unter der noch unbemalten Reihe sollte die Folie flach aufliegen. Jetzt werden auch die Kästchen dieser Reihe mit Windowcolor ausgemalt.
Wenn auch diese Farbe getrocknet ist, entfernen Sie die Folie. Nun können Sie ein Teelicht mit Glasbecher in den Ring stellen.

VORSICHT!

Der Drahtring muss ausreichenden Abstand zum Teelicht haben.
Windlichter mit Alubecher sind nicht geeignet, da die Alufolie heiß wird.

Blau mit filigranem Häkelrand

Trinkglas in Blau, ca. 8 cm hoch • Effektdraht in Silber, 0,25 mm stark • verschiedene Glasperlen und Rocailles in Blau- und Grüntönen • Häkelnadel Nr. 3,5 • Sekundenkleber • Teelicht

Schlagen Sie eine Reihe Luftmaschen von ca. 35 cm bis 37 cm Länge mit dem Effektdraht an.
Ziehen Sie die verschiedenen Perlen auf ein sehr langes Stück Silberdraht auf. Häkeln Sie dann zwei Reihen lockere, feste Maschen aus Silberdraht, in die Sie die Perlen in unterschiedlichen Abständen mit einarbeiten. Häkeln Sie auch einmal nur eine Perle und hin und wieder mehrere Rocailles in eine feste Masche – einfach so, wie es Ihnen gefällt.
Haben Sie die zweite Reihe beendet, kürzen Sie das Drahtende und verstecken es in der Häkelarbeit.
Bestreichen Sie dann immer nur abschnittsweise den Rand des Glases mit Sekundenkleber und drücken Sie den Häkelschmuck am Glasrand fest.
Achten Sie unbedingt darauf, dass Sie keinen Sekundenkleber an die Hände bekommen! Den Rest der Häkelarbeit lassen Sie am Glas herunterhängen.

BLAU IST NICHT GLEICH BLAU

(Abbildung Seite 14/15)

Für welche Variation in Blau würden Sie sich entscheiden? Ja, das ist gar nicht so einfach, denn diese Drei haben außer der Farbe Blau nichts gemeinsam. Jedes Windlicht hat durch das Material, mit dem es geschmückt wurde, seinen ganz eigenen Charakter.

Mit Jute ummantelt

Trinkglas, ca. 9,5 cm hoch • Juteband in Blau, ca. 11 cm breit • Teelicht • Schere • Ponal

Streichen Sie das ganze Glas mit Ponal (Holzleim) ein, denn dieser Leim trocknet transparent auf, und kleben Sie das auf den Umfang des Glases zurechtgeschnittene Juteband fest darum. Etwas andrücken, trocknen lassen und die überstehende Jute bis zum Glasrand abschneiden. Schon fertig!

Glas-Viereck mit Windowcolor und Perlenstreuseln

Viereckiges Glas, ca. 8 cm hoch, mit eingegossener Kerze • Windowcolor-Konturenfarbe in Schwarz • Windowcolor in Blau und Kristallklar • Rocailles in Blau, ø 2,5 mm

Auch bei diesem Windlicht wird Windowcolor direkt aufs Glas aufgebracht. Zuerst bemalen Sie alle vier Seiten des Glases mit schwarzer Konturenfarbe. Malen Sie unregelmäßige, geschwungene Flächen auf. Das schaffen Sie frei Hand.

Nachdem die Konturenfarbe trocken ist, beginnen Sie die erste Glasseite zu bemalen. Füllen Sie einige Flächen mit blauer und einige Flächen mit kristallklarer Windowcolor-Farbe aus. Manche Flächen lassen Sie auch unbemalt. In die ausgemalten Flächen streuen Sie blaue Rocailles ein, die durch das Windowcolor festgehalten werden und nach dem Trocknen dauerhaft fixiert sind.

Bevor Sie die nächste Glasseite bemalen können, müssen Sie etwas warten, bis die Farbflächen einigermaßen trocken sind und die Perlen nicht mehr herunterfallen können.

Orient-Look mit Porzellanmalfarbe

Trinkglas in Blau, 8 cm hoch • rechteckige Tortenspitze in Weiß • Porzellan-Konturenfarbe in Silber • hexagonförmige Rocailles in Türkis • Schere • Klebefilm • Teelicht • Pinzette

Tortenspitzen haben tolle Muster. Warum sollten Sie es sich nicht einfach machen und diese Muster für ein Windlicht übernehmen?

Schneiden Sie ein Stück Tortenspitze, das Ihnen vom Muster her besonders gut gefällt, aus, und zwar so groß, dass es genau in Ihr blaues Glas hineinpasst. Damit die Tortenspitze im Glas nicht verrutschen kann, fixieren Sie diese mit ein paar Klebefilmstreifen.

Nun müssen Sie nur noch das Muster mit Porzellan-Konturenfarbe nachzeichnen. Solange die Farbe feucht ist, können Sie mit Hilfe einer Pinzette die Hexagon-Perlen als Schmuck auf den Motiven anbringen.

Die Arbeit muss dann einige Stunden trocknen und wird im normalen Backofen mitsamt den Perlen gebrannt. Bei welcher Temperatur und wie lange, entnehmen Sie bitte den Angaben auf der Farbe, denn diese Angaben variieren von Hersteller zu Hersteller.

VORSICHT!

Verwenden Sie nur echte Glasperlen, denn nur diese können im Backofen mitgebrannt werden.

FÜR LAUE SOMMER-NÄCHTE

Anleitung Seite 18.

FÜR LAUE SOMMER-NÄCHTE

(Abbildung Seite 16/17)

Bei Naturpapieren ist jedes Blatt ein Unikat. So individuell wie dieses Material sind auch die Windlichter, die damit beklebt werden.

Kleine Drahtlaternen

Naturpapier (z.B. Bananenpapier, Faserseide o. Ä.) • naturfarbene Bastelwellpappe • verzinkter Karodraht (Karogröße ca. 12 mm, z. B. Baumarkt) • verzinkter Wickeldraht • feiner Silberdraht • Teelichter in Glasbechern • Tapetenkleister • Seitenschneider • Flachzange • Borstenpinsel • Schraubglas

Rühren Sie zunächst einen Achtelliter Wasser mit einem knappen Teelöffel Tapetenkleister an und lassen Sie die Mischung ca. 20 Minuten quellen. Für die Drahtlaternen brauchen Sie je ein Rechteck mit 16 x 6 Karos. Lassen Sie beim Zuschneiden an einer Lang- und einer Schmalseite die Drahtenden bis zum nächsten Gewebekreuz zusätzlich stehen.
Biegen Sie die offenen Drahtenden der Schmalseite zu kleinen Haken und verbinden Sie Anfang und Ende des Drahtstückes, indem Sie die Haken mit der Flachzange gut festdrücken. Die offenen Drahtenden der Längsseite biegen Sie nach innen.
Schneiden Sie ein Rechteck aus Papier, das um etwa zwei Karos breiter und um ein Karo länger ist als die Drahtlaterne. Bestreichen Sie das Papier mit Tapetenkleister und wickeln Sie den Drahtrohling damit ein. Die Überstände sollten oben und unten etwa gleich breit sein und die Nahtstellen von Draht und Papier möglichst aufeinander treffen. Kleben Sie den oberen Überstand nach innen, den unteren über die Drahtenden.
Nun bekommt die Laterne noch einen Boden aus Papier, den Sie grob zuschneiden und dessen Überstände Sie erst nach dem Trocknen abschneiden. Der Boden wird stabilisiert durch einen 6 cm großen Kreis aus Wellpappe, den Sie lose in die kleine Laterne hineinlegen.
Biegen Sie zum Schluss aus Wickeldraht einen Henkel. Diesen können Sie noch mit feinem Silberdraht umwickeln. Stechen Sie den Henkel unterhalb des obersten Drahtes durch das Papier und hängen Sie die Laterne mit Silberdraht auf.

VORSICHT!

Lassen Sie Ihre Windlichter, vor allem solche aus Papier, nie unbeaufsichtigt brennen!

Mit Naturpapier veredelt

Trinkgläser ohne Wölbungen • Naturpapier in verschiedenen Farben • Teelichter • Tapetenkleister • Schraubglas • Pinsel • Schere • Cutter

Rühren Sie den Tapetenkleister wie oben beschrieben an.
Schneiden Sie aus dem Papier ein Rechteck aus, das groß genug ist, um ein Glas rundum damit einzuwickeln. Schlagen Sie das trockene Papier um das Glas und falten Sie Anfang und Ende senkrecht am Glas entlang, sodass ein Überstand von etwa einem Zentimeter entsteht. Schneiden Sie das Papier entlang der Falze ab.
Nun streichen Sie das Papier mit Kleister ein und wickeln das Glas darin ein. Schneiden Sie den Überstand am unteren Rand auf etwa einen Zentimeter zurück und kleben Sie ihn am Glasboden fest. Den Überstand am oberen Rand schneiden Sie vorsichtig mit einem Cutter ab, sobald das Papier gut trocken ist.

Sanfter Schein

(Abbildung Seite 20/21)

Diese Windlichter sehen sehr edel aus und verbreiten ein wunderbares, warmes Licht.

Blütenkelch mit Glasperlen

Transparenter, matter Blütenkelch in Weiß, ca. 11 cm hoch • Glasperlen: Plättchen, Würfel, Rechtecke, Wellen etc. in Blau-, Grün- und Türkistönen • Rocailles in Blau, Türkis und Silber • transparente Glasstifte in Weiß, 20 mm lang • Silberdraht, 0,25 mm stark • Flachzange • Haushaltsschere • Teelicht oder kleinere Stumpenkerze

Umwickeln Sie die Blütenblätter mit einem langen Stück Silberdraht, indem Sie den Draht einmal hinter und einmal vor einem Blütenblatt durchführen. Das machen Sie zweimal, damit der Draht stabil genug ist. Dann verdrehen Sie die Drahtenden mit einer Flachzange.
Hat Ihr Blütenkelch viele Blätter, so hängen Sie bei jedem zweiten Einschnitt – sonst bei jedem Blatteinschnitt – ein Stückcken Draht an den Silberdraht, und zwar so: das Drahtstück mittig zweimal um den gespannten Silberdraht wickeln, sodass zwei Drahtstücke am Blatteinschnitt hängen.
Auf diese Drahtstücke fädeln Sie die Perlen – ganz nach Ihrem Geschmack – auf. Besonders hübsch sieht es aus, wenn nicht alle Perlenstränge die gleiche Länge haben.
Die letzte Perle auf jedem Drahtstück wird immer fixiert. Dafür führen Sie den Draht einmal um die letzte Perle herum und stechen wieder zurück, ziehen den Draht dann noch durch die nächsten drei bis vier Perlen und schneiden ihn ab. Damit ist er verwahrt.

In Geschenkband gehüllt

Trinkglas, ca. 9 cm hoch • transparentes Geschenkband in Weiß, 3,5-4 cm breit • Teelicht • Ponal aus der Flasche • Stecknadeln

Bestreichen Sie den Anfang des Geschenkbandes mit etwas Ponal (Holzleim, Ponal hat den Vorteil, dass dieser Klebstoff nach dem Trocknen transparent wird) und drücken Sie diesen am unteren Glasrand fest.
Dann wickeln Sie das Band direkt von der Rolle fest um das Glas, und zwar so, dass das Band manchmal schräg und dann wieder gerade um das Glas gewickelt wird. Die Lagen müssen sich überschneiden.
Ist das ganze Glas eingekleidet, schneiden Sie das Band ab, kleben es mit Ponal fest und fixieren es mit Stecknadeln. Sobald der Klebstoff trocken ist, können Sie die Nadeln entfernen.

Bordüren-Spitze

Trinkglas in Blau, ca. 8 cm hoch • rechteckige Tortenspitze in Weiß • Sekundenkleber • Effektdraht in Silber, 0,25 mm stark • Teelicht • Bleistift • Lineal • Schere

Messen Sie den Umfang des Glases und übertragen Sie dieses Maß mit Bleistift und Lineal auf die Tortenspitze. Für das Windlicht wird nur der Spitzenrand mit einem ca. 1,5 cm breiten, glatten Streifen (unter dem Spitzenrand) verwendet.
Kleben Sie die glatte Fläche des Papierstreifens mit ganz wenigen Tropfen Sekundenkleber am Glas fest. Die Spitze sollte nicht mit dem Glasrand abschließen, sondern ca. 1,5 cm überstehen
Dann umwickeln Sie den Übergang vom Papier zum Glas mit Effektdraht von der Rolle. Machen Sie das ruhig 30- bis 40-mal, denn das Windlicht erhält damit seinen besonderen Reiz. Dieser „Silbergürtel" ist ein schöner Abschluss für die Papierspitze und harmoniert wunderbar mit dem blauen Glas.

Sanfter Schein

Anleitung Seite 19.

SILBERDRAHT LIEBT PERLEN

Mit diesen Windlichtern wollen wir Ihnen zeigen, wie einfach es ist, aus gekauften Drahtlichtern wahre Designerstücke herzustellen. Vielleicht bekommen Sie nicht genau diese Windlichter zu kaufen, jedoch mit Sicherheit Windlichter in dieser Art.

Perlenschmuck in Blau und Türkis

Silberfarbenes Drahtwindlicht • hexagonförmige Rocailles in Anthrazit, ø 0,25 mm • Glasstifte in Türkis, 7 mm lang • gebrochene, matte Glasstücke in Kobaltblau • Perlenwebnadel • Sekundenkleber • Pinzette • Polyesterfaden in Schwarz oder Türkis • Teelicht

Schneiden Sie ein Stück Faden ab, verknoten Sie diesen am oberen Rand des Windlichts und fädeln Sie das andere Fadenende durch die Perlenwebnadel. Ziehen Sie auf eine Länge von 5 cm Perlen nach Ihrem Geschmack auf und fixieren Sie die letzte Perle, indem Sie den Faden einmal vor und wieder zurückstechen und dann den Faden durch den übrigen Perlenstrang zurückführen.

Nun wickeln Sie den Faden mehrmals um den Windlichtrand, damit Sie den nächsten Perlenstrang – ca. 2 cm vom ersten entfernt – anbringen können. So fahren Sie fort, bis das ganze Windlicht mit kleinen Perlensträngen behängt ist.

Achten Sie darauf, dass die Perlenstränge unterschiedliche Längen haben. Falls der Faden zu Ende geht, verknoten Sie das Ende am Windlichtrand und setzen dort auch wieder den neuen Faden an.

Zum Schluss bekleben Sie den Windlichtrand mit drei Reihen türkisfarbenen Glasstiften. Das machen Sie am besten mit Sekundenkleber und einer Pinzette. Tragen Sie immer nur auf 2 cm bis 3 cm des Windlichtrandes Sekundenkleber auf und setzen Sie die Glasstifte mit der Pinzette auf.

VORSICHT!

Sie sollten auf keinen Fall Sekundenkleber an die Hände bekommen.

Perlenschmuck in Orange und Blau

Silberfarbenes Drahtwindlicht • Rocailles in Orange, Kobaltblau, Schwarz und Weiß, ø 0,25 mm • Pailletten in Kobaltblau • Silberdraht, 0,25 mm stark • Teelicht

Schneiden Sie ein langes Stück Silberdraht ab und befestigen Sie das Drahtende durch Umwickeln am unteren Teil von einem der Stege des Windlichts. Nun fädeln Sie nach Ihrem Geschmack Rocailles in verschiedenen Farben auf und dazwischen immer wieder eine oder mehrere Pailletten.

Sie können abschnittsweise arbeiten, indem Sie nur einige Zentimeter des Drahtes mit Perlen versehen, den Draht am Windlicht befestigen und dann das nächste Stück mit Perlen bestücken und wieder um Stege oder Ränder wickeln. Sie können aber auch alle Perlen und Pailletten zuerst auf das Drahtstück auffädeln und dann den Perlenstrang um die Stege und den Windlichtrand wickeln und dekorieren. Wie Sie wollen!

GLÄNZENDER AUFTRITT

Anleitung Seite 26.

GLÄNZENDER AUFTRITT

(Abbildung Seite 24/25)

Glanzvolle Ereignisse werfen meist ihre Schatten voraus. Oft bleibt nur wenig Zeit für die Vorbereitung. Diese silbernen Windlichter lassen Ihre Tafel festlich erstrahlen und sind doch im Handumdrehen fertig gestellt.

Windlichter mit Prägefolie

Trinkgläser ohne Wölbung • Prägefolie in Silber • Moosgummi-Platte oder alte Zeitungen • Prägewerkzeug oder dicke Stricknadel • Stopfnadel oder kleiner Nagel • Butterbrotpapier • Bleistift • Klebstoff • Schere • Klebefilm • Haushaltsgummi • Teelichter

Rollen Sie zunächst eines der Gläser in Butterbrotpapier ein und zeichnen Sie den oberen bzw. unteren Rand des Glases von innen mit Bleistift auf das Papier.

Übertragen Sie dann die Umrisse des Musters von der Vorlage so auf das Butterbrotpapier, dass der Abstand zum angezeichneten Rand ungefähr gleich bleibt. Setzen Sie dafür das Muster möglichst immer an der gleichen Stelle neu an. Je konischer die Form Ihres Glases, desto öfter sollten Sie neu ansetzen.

Befestigen Sie dann die grob ausgeschnittene Vorlage auf der Prägefolie und fahren Sie das Muster und den Rand mit Bleistift auf einer weichen Unterlage nach. Denken Sie daran, dass sich Anfang und Ende des Folienstreifens um etwa einen Zentimeter überlappen sollten. Nun schneiden Sie den Folienstreifen grob aus und prägen nach Belieben oder entsprechend der Vorlage verschiedene Ornamente in die Folie. Die Löcher stechen Sie mit der Stopfnadel oder einem kleinen Nagel.

Schneiden Sie dann die Zacken und Bogen exakt aus und kleben Sie die Folie am oberen bzw. unteren Rand des Glases fest. Fixieren Sie den Folienstreifen eventuell mit einem Haushaltsgummi, bis der Klebstoff ganz getrocknet ist.

Windlicht mit Pailletten

Windowcolor, transparent mit silbernem Glitter • transparente Rocailles mit Silbereinzug • transparente, mattierte Glasperlen • Glasstifte in Silber • Pailletten in Silber • Teelicht

Das Windlicht wird genauso gearbeitet wie das orientalische Licht auf S. 29. Hier wird jedoch ausschließlich transparentes Windowcolor mit silbernem Glitter verwendet.

ZAUBERHAFTES IN ROTTÖNEN

(Abbildung Seite 28/29)

Die orientalisch anmutenden Windlichter sehen besonders hübsch aus, wenn Sie mehrere dieser Art als Dekoration aufstellen. Jedes dieser zauberhaften Lichter hat ein anderes Muster, das mit Windowcolor direkt aufs Glas gemalt wird. Zusätzlich können Sie Perlen, Pailletten oder Blüten als Schmuck einarbeiten.

Windowcolor-Lichter mit goldenen Akzenten

Gläser, die konisch zulaufen, ca. 6 cm hoch • Windowcolor-Konturenfarbe in Gold • Windowcolor in Rot, Orange und Bordeaux • Klebefilm • Teelichter

Falls Sie nicht nach Lust und Laune Muster frei Hand auf die Gläser malen möchten, finden Sie die hier abgebildeten Modelle als Motivvorlagen auf dem beiliegenden Bogen. Diese können Sie kopieren, ausschneiden und von innen am Glas mit Klebefilmstreifen befestigen.

Beginnen Sie mit den goldenen Konturenlinien und lassen Sie diese trocknen. Bitte achten Sie dabei auf die Angaben des Herstellers, denn die Windowcolor-Farben haben je nach Produkt unterschiedliche Trocknungszeiten.
Sind die goldenen Konturen vollständig getrocknet, können Sie die Flächen mit Rot, Orange und Bordeaux ausmalen. Auf den Vorlagen sind die Flächen mit den jeweiligen Farben gekennzeichnet.

TIPP Diese Windlichter sehen auch in der Farbkombination Blau-Gold oder Blau-Silber sehr schön aus.

Orientalisches Licht mit Pailletten

Trinkglas mit Rillen • Windowcolor in Rosa- und Orangetönen • Rocailles in Pink und Orange • Glasstifte in Pink • Pailletten in Pink • Pinzette • Teelicht

Das Glas wird von unten nach oben Rille für Rille bemalt. Stecken Sie dazu am besten die linke Hand in das Glas, so können Sie gut arbeiten. Tragen Sie die Farbe auf die erste(n) Rille(n) gleichmäßig auf. Dann legen Sie mit Hilfe der Pinzette in die noch feuchte, aber schon leicht angetrocknete Farbe in gleichmäßigem Abstand die Perlen oder Pailletten. So arbeiten Sie Rille für Rille weiter, wobei Sie immer eine oder mehrere Rillen – ganz nach Ihrem Geschmack – unverziert lassen.
Wenn Sie die Farbe vorsichtig auftragen, müssen Sie nicht warten, bis die zuvor aufgetragene Farbe vollständig trocken ist. Sobald die Farbe komplett getrocknet ist, haften die Perlen und Pailletten auf ihr.

Licht mit eingegossenen Blüten

Glas-Windlicht mit abgesetztem Rand und eingegossener Kerze • Windowcolor in Bernstein, Orange und Rosa • Papierblüten in Rosa und Orange (z.B. von Hobbidee®) • Klarsichthülle (für Windowcolor geeignet) • Karopapier • Stecknadel

Legen Sie das Karopapier in die Klarsichthülle. Dann tragen Sie ein Quadrat Windowcolor auf, welches etwas größer als die Blüte sein sollte. Orientieren Sie sich dabei am Karopapier und berücksichtigen Sie auch die Breite des Glasrandes.
In die noch feuchte Farbe legen Sie eine Blüte, drücken sie vorsichtig an und tragen darüber nochmals Farbe auf, bis diese komplett bedeckt ist. Einige Zeit nach dem Auftragen können sich an der Oberfläche größere Luftblasen bilden, da unter der Blüte Luft eingeschlossen ist. Stechen Sie die Blasen vorsichtig mit einer Stecknadel auf und tragen Sie an dieser Stelle gegebenenfalls noch etwas Farbe auf.
Stellen Sie genügend Quadrate her, um damit den Rand Ihres Windlichts schmücken zu können.
Wenn die Farbe nach mindestens 24 Stunden trocken ist (beachten Sie die Herstellerangaben), können Sie die Quadrate vorsichtig von der Folie abziehen und am oberen Rand des Windlichtes anbringen.

Licht mit Hortensienblüten

Glas, konisch zulaufend, ca. 6 cm hoch • Teelicht • Windowcolor in Pink und Rosa • Hortensienblüten • Zeitungspapier • dickes Buch • Klarsichthülle (für Windowcolor geeignet) • Stecknadel

Zunächst sollten Sie die Hortensienblüten einige Tage zwischen Zeitungspapier in einem dicken Buch pressen. Die Blüten müssen komplett trocken sein, da sonst die Farbe nicht trocknet.
Tragen Sie auf die Klarsichthülle Rauten oder Kreise aus Windowcolor auf, die etwas größer als die Blüte sein sollten, welche Sie eingießen möchten. In die Farbe legen Sie jeweils eine getrocknete Hortensienblüte.
Über die Blüte tragen Sie nochmals Farbe auf, sodass sie komplett bedeckt ist. Sollten sich nach dem Eingießen der Blüten Blasen bilden, können

ZAUBERHAFTES IN ROTTÖNEN

Anleitung Seite 26/27

Sie diese mit einer Stecknadel aufstechen.
Nach ca. 24 Stunden ist die Farbe trocken (bitte beachten Sie die Herstellerangaben) und Sie können die Rauten bzw. Kreise ablösen und auf dem Glas anbringen. Die Zwischenräume können Sie direkt auf dem Glas nach Belieben mit pinkfarbenem oder rosa Windowcolor ausfüllen. Lassen Sie die Farbe erneut trocknen.

VORSICHT!

Mit Windowcolor verzierte Gläser keinesfalls mit heißem Wasser und Spülmittel reinigen oder in die Spülmaschine stellen! Sie können sie mit kühlem Wasser abspülen. Die Verzierungen können Sie jederzeit wieder abziehen und durch neue Dekorationen ersetzen.

FÜR KOSTBARE STUNDEN

Echte Glasperlen verwandeln die schlichten Glas-Windlichter, die im Handel in verschiedenen Farben und Formen erhältlich sind, in wahre Schmuckstücke. Stimmen Sie die Farben auf Ihre Einrichtung ab und passen Sie das Perlenkleid Ihrem Windlicht an.

Mit Perlen geschmückt

Windlicht aus grünem Glas • grün lackierter Maschendraht (selbst gesprüht oder gekauft) • grüner Basteldraht • verschiedene Glasperlen in Grün- und Orangetönen • Seitenschneider • Teelicht

Schneiden Sie mit den Seitenschneider den Maschendraht so zu, dass er um das Glas passt. Legen Sie ihn um das Glas und verbinden Sie ihn mit einem Stück Draht. Dann verdrehen Sie ein langes Stück Draht am oberen oder unteren Rand des Maschendrahtes. Dieses führen Sie abwechselnd über und unter den Kästchen des Maschendrahtes durch, wobei Sie auf das Drahtende immer wieder Perlen aufziehen und gleichmäßig verteilen.
Ist der Maschendraht komplett mit Perlen versehen, verdrehen Sie das Ende des Drahtes im Maschendraht.

TIPP Sollte der Draht während des Arbeitens zu Ende gehen, verdrehen Sie ihn unauffällig am Maschendraht und setzen ein neues Stück an.

Mit Kupferdraht umhäkelt

Effektdraht in Kupfer • Häkelnadel, Nr. 3,5 oder 4 • Glasperlen in Orange- und Brauntönen • Windlicht aus Glas mit eingegossener Kerze

Schneiden Sie mit dem Seitenschneider ein langes Stück Draht zu. Schlagen Sie dann so viele Luftmaschen an, dass sie zum Kreis geschlossen um den unteren Rand des Windlichtes passen. Das Ende des Drahtes verdrehen Sie in der Häkelarbeit. Nun häkeln Sie einen „Schlauch", wobei Sie auf das Ende des Drahtes immer wieder Perlen aufziehen und diese mit einhäkeln. Ziehen Sie die Häkelarbeit immer wieder auf das Windlicht, um zu überprüfen, ob sie passt. Der Schlauch sollte sich stramm um das Glas legen, damit er nicht verrutscht. Falls nötig, nehmen Sie Maschen auf bzw. ab. Sollte der Draht während des Häkelns zu Ende gehen, ziehen Sie ihn durch die zuletzt gehäkelte Masche, verdrehen ihn im bereits gehäkelten Teil und setzen ein neues Stück an.
Ist die benötigte Höhe erreicht, ziehen Sie den Draht durch die letzte Masche und verstecken ihn unauffällig im Gehäkelten. Drücken Sie dann die oberste(n) Reihe(n) des Schlauches etwas um den Rand des Glases, damit das Perlenkleid fest sitzt.

TERRAKOTTA -LICHTER

Anleitung Seite 34.

Terrakotta-Lichter

(Abbildung Seite 32/33)

Diese bunten Windlichter aus kleinen Terrakotta-Töpfen und Holzstäben sind nicht nur eine geeignete Beleuchtung für die nächste Gartenparty, sie geleiten Ihre Gäste auch sicher vom Gartentörchen zum Hauseingang. In einer Reihe ins Erdreich gesteckt oder vereinzelt in großen Blumenkübeln arrangiert, sind sie sogar bei Tag ein hübscher Hingucker.

Tontopf-Fackeln

Kleine Tontöpfe, ø 8 cm • Rundhölzer, ø 12 mm, Länge je 50 cm • weiße Acrylfarbe • TERRAKOTTA- bzw. HOLZ-PEN in Gelb, Hellgrün, Orange, Blau und Violett (Hobbidee®) • Geschenkbänder in passenden Farben, 10-12 mm breit • kleine Schraubdeckel, passend für Teelichter (z.B. von Kapern- oder Olivengläsern) • Schrauben, 3 mm x 20 mm • Unterlegscheiben (etwas größer als das Tontopfloch) • Bohrmaschine • Schraubendreher • Hammer • Pinsel • alter Teller

Grundieren Sie zunächst die Holzstäbe und die Töpfe von allen Seiten mit weißer Acrylfarbe. Lassen Sie die Farbe trocknen.

Drücken Sie dann aus dem PEN jeweils einen kleinen Klecks Farbe auf den Teller und vermischen Sie diesen mit der Acrylfarbe zu einem Pastellton. Bemalen Sie jeweils einen Topf und einen Stab im selben Farbton.

Nachdem die Farbe getrocknet ist, malen Sie direkt mit dem PEN (mit unverdünnter Farbe) Streifen auf die Stäbe und einen Rand auf den Topf.

Bevor Sie nach dem Trocknen die Fackeln zusammenschrauben (siehe Skizze auf dem Vorlagenbogen), sollten Sie die Stäbe senkrecht von oben vorbohren und in die Mitte der Schraubdeckel mit einer Schraube ein kleines Loch schlagen. Stecken Sie nun von innen eine Schraube durch den Deckel und legen Sie den Deckel mit der Oberseite nach unten in den Topf, sodass die Schraube aus dem Loch des Topfes hervorschaut. Schieben Sie eine Unterlegscheibe über die Schraube und schrauben Sie den Rundstab unten an den Topf.

Zum Schluss binden Sie an jeden Topf zwei ca. 75 cm lange, farblich passende Bänder und stellen ein Teelicht in den Schraubdeckel.

Fantastisch filigran

(Abbildung Seite 36/37)

Design mit Alu oder alufarbenem Material ist der große Trend. Und obwohl man vermuten würde, dass dieses Material kühl und sachlich wirkt, kommt es doch sehr darauf an, was man daraus macht.

Edel sind diese Windlichtvarianten, von denen man nicht genug im Raum aufstellen kann. Durch das filigrane Drahtgewebe sind sie schlichte, aber sehr wirkungsvolle Lichtdekorationen.

Die Grundform für alle vier Windlichter ist dieselbe. Sie wurden nur mit unterschiedlichen Materialien geschmückt. Den Schnitt für diese Windlichter finden Sie auf dem Vorlagenbogen. Das Alugewebe selbst erhalten Sie beispielsweise in Baumärkten und Gartencentern als Meterware von der Rolle.

Windlichter aus Alugewebe

Alugewebe • Haushalts- oder Gartenschere • Rocailles in Blau • 3 handgearbeitete Glasperlen in Blau-Grün • 6 Facettenperlen in Blau, ø 10-12 mm • Effektdraht in Silber, 0,25 mm stark • Windowcolor in Blau und Transparent • Klarsichtfolie • Klarsichtfolie (für Windowcolor geeignet) • Stecknadeln • Pinzette • Teelichter in Blau

Variante 1: Ohne Schmuck

Sie übertragen vom Vorlagenbogen den Schnitt auf weißes Kopierpapier und schneiden die Grundform aus. Stecken Sie den Papierschnitt mit Stecknadeln auf dem Alugewebe fest und schneiden Sie mit der Haushaltsschere das Alugewebe zurecht. Rollen Sie das ausgeschnittene Teil in Pfeilrichtung auf und stellen Sie ein blaues Teelicht hinein.

TIPP Zwei oder drei Grundformen des Alugewebes, ineinander gestellt und die Spitzen wie Blütenblätter in verschiedenen Richtungen angeordnet, sehen sehr edel und kunstvoll aus. Dabei ist der Aufwand sehr gering.

Variante 2. Mit Windowcolor verziert

Nachdem Sie, wie bei Variante 1 beschrieben, das Alugewebe geschnitten und geformt haben, verzieren Sie das Gewebe mit Windowcolor. Da der Aludraht sehr feinmaschig ist, hält die flüssige Windowcolor-Farbe sehr gut darin. Sie können das Muster auf dem Vorlagenbogen auf Ihr Gewebe übertragen (Folie zwischen Vorlage und Alugewebe legen und Farbe direkt aufmalen) oder eigene Muster auf dem Aludraht entwerfen.

Nach dem Trocknen der Farbe (Herstellerangaben bitte beachten) müssen Sie das Windlicht eventuell noch einmal nachformen.

Variante 3: Mit Rocailles geschmückt

Um die kleinen Glasperlen auf dem Alugewebe zu befestigen, benutzen Sie transparente Windowcolor-Farbe. Ist das Windlicht von der Form her fertig (Anleitung siehe Variante 1), füllen Sie ganz unterschiedliche Minidrahtquadrate mit Windowcolor aus und setzen je eine kleine blaue Perle hinein. Eine Pinzette zum Aufsetzen der Perlen ist sehr hilfreich.

Nach dem Trocknen der Farbe sind die Perlen auf wundersame Weise fixiert und scheinen auf dem Alugewebe zu schweben.

Variante 4: Mit handgearbeiteten Perlen

Schneiden Sie zwei bis drei Stücke silbernen Effektdraht zurecht. Diese Drahtstücke flechten Sie in das Alugewebe ein, ganz wie Sie wollen. Fädeln Sie dabei die handgearbeiteten Perlen vom Ende her auf den Effektdraht auf und weben Sie sie in das Alugewebe mit ein.

Auf die Drahtenden, die vom Windlicht spiralförmig abstehen, ziehen Sie noch vereinzelt blaue Facettenperlen auf.

FANTASTISCH FILIGRAN

Anleitung Seite 34/35.

FUTURISTISCHE LICHTSPIELE

Ein bisschen „spacy" sehen diese zwei Windlichter schon aus. Sie sind jedoch mit Sicherheit ein Blickfang in Ihrer Wohnung oder auf der Terrasse, den nicht jeder hat.

Grünes Licht fürs neue Jahrtausend

Transparentes, mattes Glas in Grün, 8 cm hoch • Glasperlen: Würfel, Scheiben, Stifte etc. in Hellgrün und Türkis • Teelicht • Silberdraht, 0,5 mm stark • Kupferdraht, 0,8 mm stark • Zwei-Komponentenkleber • Flachzange • Bleistift

Das Glas auf dem Foto hat in sich leicht hervorstehende Ringe, die die Drahtbefestigung vereinfachen. Falls Ihr Glas ganz glatt ist, müssen Sie die Kupferdrahtspiralen am Glas fixieren, damit sie nicht zusammenrutschen.

Bei hervorstehenden Ringen wickeln Sie den Kupferdraht einmal fest unten um das Glas, verdrehen den Draht und biegen ihn am Ende mit einer Flachzange zu. Dann wickeln Sie den Kupferdraht nach oben bis zum Glasrand (ca. 12-mal) und verdrehen das Ende wieder, um ihn zu befestigen.

Bei einem Glas ohne Ring ziehen Sie ein Glasplättchen ans Ende des Drahtes bzw. an den Beginn der ersten Drahtspirale und kleben dieses mit Zwei-Komponentenkleber fest. Klebt dieses ganz fest, wickeln Sie wie eben beschrieben den Draht bis oben hin, ziehen wieder ein Glasplättchen auf und kleben auch dieses fest. So können die Kupferspiralen am Glas nicht ineinander rutschen.

Ziehen Sie dann durch den Kupferdraht drei Stücke Silberdraht (je ca. 25 cm) senkrecht nach oben. Sie beginnen am unteren Ende des Windlichts und ziehen diese Drähte im Abstand von ca. 5 cm zueinander bis zum Glasrand hoch. Fädeln Sie auf jedes Silberdrahtstück einige Glasperlen auf und wickeln Sie das letzte Stück des Drahtes ganz fest um einen Bleistift. Wenn Sie den Draht vorsichtig vom Bleistift ziehen, erhalten Sie Drahtspiralen, auf die noch einige Perlen aufgesteckt werden.

Orange Future

Transparentes, mattes Glas in Orange, ca. 8 cm hoch • Glasperlen: zwei große, ovale Perlen in Bernstein, eine mittelgroße Perle in Kobaltblau und mehrere kleinere Perlen in Kobaltblau, Bernstein und Gold • Teelicht • Kupferdraht, 0,8 mm stark • Zwei-Komponentenkleber • Bleistift • Flachzange

Befestigen Sie auch bei diesem Windlicht den ersten unteren Kupferdraht, indem Sie ihn einmal um das Glas wickeln, das Drahtende verdrehen und mit der Flachzange zubiegen.

Dann wickeln Sie den Draht ca. 7- bis 8-mal fest um das Windlicht, geben noch etwa 25 cm Kupferdraht zu und schneiden diesen ab.

Fädeln Sie eine große ovale Perle auf den Draht und kleben Sie diese mit dem Zwei-Komponentenkleber unterhalb des oberen Glasrandes an. Diese Perle fixiert die Kupferdrahtspirale um das Glas. Der Draht selbst lässt sich jedoch bewegen.

Klebt die Perle ganz fest, ziehen Sie den Draht so, dass sich die Spirale nicht direkt am Glas befindet, sondern einen Abstand von etwa 5 mm zum Glas hat. Auf das oben abstehende Drahtstück fädeln Sie die Perlen nach Lust und Laune auf. Die letzten fünf Zentimeter des Drahtstücks wickeln Sie um einen Bleistift und ziehen den Draht wieder herunter. Auf diese Minispirale schieben Sie noch drei bis vier blaue Perlen.

RHAPSODIE IN BLAU-GRÜN

Anleitung Seite 42/43.

RHAPSODIE IN BLAU-GRÜN

(Abbildung Seite 40/41)

Windowcolor ist unglaublich vielseitig und damit ideal für die Gestaltung von Glas-Windlichtern. Es lässt sich nach dem Trocknen ganz einfach in verschiedene Formen schneiden, deshalb sehen Sie hier zwei Windlicht-Modelle, bei denen Windowcolor zuerst als Fläche auf eine Klarsichthülle gemalt und später zurechtgeschnitten wurde. Sie können auch Blüten und Blätter „eingießen" oder Silberdraht damit ausfüllen.

Ihren Ideen sind (fast) keine Grenzen gesetzt.

Windowcolor-Schnipsel

Geschwungenes Glas • Windowcolor in Hellblau, Mittelblau, hellem Türkis, mittlerem Türkis und Dunkelgrün • einige Klarsichthüllen (für Windowcolor geeignet) • Schere • Glas • Teelicht

Sie kennen sicherlich mit Seidenpapier-Schnipseln beklebte Laternen. Die Schnipsel werden übereinander geklebt. Durch die Überschneidungen der Farben ergeben sich bei Kerzenschein wunderschöne Farbenspiele. Im Prinzip wird dieses Windlicht genauso hergestellt.

Malen Sie auf die Klarsichthüllen in jeder Farbe ein Quadrat von ca. 10 cm x 10 cm.

Nach dem Trocknen der Farbe schneiden Sie mit der Schere zuerst von der hellsten Farbe ganz unterschiedliche kleinere und mittlere „Schnipsel" zurecht und verteilen diese auf dem Glas. Dann kommt die nächst dunklere Farbe an die Reihe und so weiter. Kleben Sie die Windowcolor-Schnipsel teilweise übereinander und nebeneinander, denn durch diese Farbüberschneidungen entstehen interessante Lichteffekte.

Windowcolor-Schnipsel mit Efeublättern

Hellgrünes Trinkglas • Windowcolor in hellem Türkis • Klarsichthülle (für Windowcolor geeignet) • Zeitungspapier • Bücher • kleine Efeublätter • Schere • Teelicht

Für dieses Windlicht brauchen Sie ein wenig Vorbereitungszeit, denn Sie müssen zuerst die kleinen Efeublätter mindestens drei Tage zwischen Zeitungen, mit Büchern beschwert, trocknen und pressen.

Auf die Klarsichthülle malen Sie mit helltürkisfarbenem Windowcolor ein Rechteck von ca. 16 cm x 10 cm Größe auf und verteilen die gepressten Efeublätter auf dieser Farbfläche, wenn diese schon angetrocknet, aber noch nicht ganz durchgetrocknet ist.

Die Efeublätter drücken Sie ein wenig in die Farbe ein, sodass diese plan liegen.

Nachdem die Windowcolor-Fläche vollständig trocken ist (bitte beachten Sie die Angaben des Herstellers), schneiden Sie mit der Schere größere und kleinere „Schnipsel" aus, in denen jeweils ein Efeublättchen enthalten ist. Nun müssen Sie die „Schnipsel" nur noch auf dem Glas schön verteilt andrücken. Die „Schnipsel" dürfen ruhig an den Rändern etwas überlappen.

Mosaik aus Windowcolor

Trinkglas mit Rillen • Windowcolor-Konturenfarbe in Bleimetallic • Windowcolor in Blau- und Grüntönen • Teelicht

Nehmen Sie das Glas auf Ihre linke Hand. Tragen Sie die Konturenfarbe ganz nach Ihrem Geschmack mosaikartig auf das Glas auf. Hier sind die Rillen am Glas hilfreich. Außerdem können Sie sich an der Abbildung orientieren.

Ist die Konturenfarbe angetrocknet (nach ca. einer Stunde, beachten Sie bitte die Angaben des Herstellers), können Sie die Flächen mit Windowcolor vorsichtig ausfüllen. Nach ca. 24 Stunden ist die Farbe komplett getrocknet.

Licht mit eingegossenen Blüten und Blättern

Glas-Windlicht mit Fuß • Windowcolor in Hellblau und Hellgrün • Papierblüten in Blau und Blätter (z.B. von Hobbidee®) • Klarsichthülle (für Windowcolor geeignet) • Karopapier • Stecknadel • Schwimmkerze in Blau • Wasser

Das Windlicht wird im Prinzip genauso hergestellt wie das Licht mit eingegossenen Blüten auf Seite 29. Füllen Sie etwas Wasser in das Glas und setzen Sie die Schwimmkerze darauf.

Silberner Spiralenrand mit Windowcolor

Gerilltes Trinkglas, ca. 9,5 cm hoch • Windowcolor in Hellblau, Mittelblau, Violett und Türkis • Klarsichthülle (für Windowcolor geeignet) • Silberdraht, 0,5 mm stark • Bleistift • Sekundenkleber • Klebefilm • Teelicht

Windowcolor ist sehr vielseitig und kann deshalb nicht nur zum Malen, sondern auch zum Ausfüllen von Formen benutzt werden.

Bei diesem Windlicht wurde ein Spiralen-Schmuckrand separat angefertigt und mit Windowcolor und Sekundenkleber auf dem Glas befestigt.

Wickeln Sie ein Stück Silberdraht fest um einen Bleistift (ca. 35 Umdrehungen). Ziehen Sie den Draht vom Bleistift herunter und legen Sie die Silberdrahtspirale flach gedrückt auf eine Klarsichthülle. Fixieren Sie die Drahtspirale mit Klebefilm, damit sie plan liegen bleibt. Achten Sie darauf, dass die Spiralenkringel unterschiedliche Größen haben, indem Sie diese etwas auseinander ziehen. Nun füllen Sie die Kringel mit Windowcolor aus. Sie können auch einige Silberdrahtkringel leer lassen.

Mit den gleichen Farben malen Sie im unteren Drittel des Glases vier Streifen auf.

Nachdem der Spiralenschmuck trocken ist (bitte beachten Sie die Herstellerangaben), formen Sie diesen zu einem Kreis, der etwas größer als der Glasrand ist. Mit einigen Tropfen Sekundenkleber fixieren Sie den Schmuckring an drei Stellen auf dem Glasrand.

Danach malen Sie mit türkisfarbenem Windowcolor am oberen Glasrand, innen und außen, entlang. Damit wird der Schmuckring zusätzlich befestigt.

Wenn Sie möchten, können Sie noch einen unregelmäßigen Streifen Violett unter dem türkisfarbenen Streifen am Glas außen anbringen.

FEINE MASCHEN

(Abbildung Seite 44/45)

Diese ausgefallenen Windlichter halten zwar nicht den Wind ab, sind dafür aber eine interessante Variante, die sich – mit Kieselsteinen dekoriert – auch auf einem rustikalen Holztisch sehr gut macht.

Maschendraht-Lichter

Verzinkter Maschendraht (Baumarkt) • feiner Silberdraht • Seitenschneider • weiße Kerzen • Kieselsteine

Schneiden Sie mit dem Seitenschneider Rechtecke in folgender Größe aus dem Maschendraht:

Kleine Kugelform:
27 Waben x 10 Waben
Große Kugelform:
33 Waben x 13 Waben
Kleine Vasenform:
26 Waben x 9 Waben
Große Vasenform:
33 Waben x 14 Waben

Achten Sie darauf, dass nur geschlossene Waben übrigbleiben, da Sie sich an abstehenden Drahtenden leichter verletzen können.
Legen Sie nun die Schmalseiten des Drahtrechteckes mit der jeweils äußeren Wabe übereinander und „nähen" Sie Anfang und Ende mit einem Stück Silberdraht zusammen, das etwa dreimal so lang ist wie die Naht.
Biegen Sie den Drahtzylinder vorsichtig in Form, indem Sie die Waben zusammendrücken, wenn Sie eine Wölbung nach innen erzielen wollen, bzw. auseinander ziehen, wenn die Wölbung nach außen gehen soll. Drehen Sie die Form immer wieder, um zu sehen, ob sie auch symmetrisch wird.
Stellen Sie eine Kerze in das fertige Windlicht und dekorieren Sie es mit einigen Kieselsteinen.

VORSICHT!

Achten Sie auf geeignete Untersetzer o. Ä., wenn Sie die Kerzen beispielsweise auf einen Tisch stellen.

KUNSTVOLL ZUSAMMENGESETZT

Mosaik ist eine alte Kunst, die in den letzten Jahren wiederentdeckt wurde. Für die hier abgebildeten Modelle brauchen Sie nicht einmal Glas in kleine Stücke zu brechen.

Der Bastel-Fachhandel bietet inzwischen Glas-Mosaiksteine in unterschiedlichen Formen und Farben an, mit denen Sie einfache Glasvasen oder Trinkgläser sehr schnell herausputzen können.

Windlicht mit Glas-Mosaik

Kugelvase aus Glas • transparente Mosaiksteine in Hellblau, 1,5 cm • transparente Mosaiksteine in Hellblau und Grün, 1 cm • Silikonkleber • Fugenmörtel • Gummibecher oder Plastikbecher • kleiner Plastikspachtel • Haushaltsschwamm • Zahnstocher • Schwimmkerzen • Wasser

Beginnen Sie mit dem Bekleben der Vase am oberen Rand. Tragen Sie den Silikonkleber auf die rauere Seite der Glasplättchen auf und kleben Sie diese dicht nebeneinander auf die Vase (beachten Sie bitte auch die Angaben des Herstellers). Wichtig ist, dass sich dabei der Kleber unter dem ganzen Plättchen verteilt, damit später ein schönes Karomuster zu sehen ist. Falls der Kleber zwischen den Plättchen hervorquillt, nehmen Sie ihn mit dem Zahnstocher ab.

Nachdem die ganze Vase beklebt ist, lassen Sie das Silikon gut trocknen. Rühren Sie dann den Fugenmörtel mit so viel Wasser an, dass eine streichfähige Paste entsteht. Streichen Sie die Paste mit dem Spachtel oder mit den Fingern sorgfältig in die Fugen zwischen den Mosaiksteinen und streichen Sie die Oberfläche glatt. Wenn der Fugenmörtel anfängt abzubinden und nicht mehr glänzt, sondern matt aussieht, wischen Sie mit einem feuchten Schwamm vorsichtig die Mosaiksteine wieder frei. Letzte Spuren von Mörtel auf dem Mosaik können Sie abwischen, wenn der Mörtel ganz trocken ist.

Füllen Sie etwas Wasser in das fertige Windlicht und setzen Sie eine oder mehrere Schwimmkerzen hinein.

Lichter mit Glasnuggets

(Abbildung Seite 48)

Größere Trinkgläser mit möglichst zylindrischer Form • runde Glasmosaiksteine (Nuggets) in Blau, Hellblau und Grün • Silikonkleber • Fugenmörtel • Acrylfarbe in Hellblau und Grün • Gummibecher oder Plastikbecher • kleiner Plastikspachtel • Haushaltsschwamm • Zahnstocher • Schwimmkerzen • Wasser

Bei der Herstellung der Windlichter mit runden Mosaiksteinen gehen Sie genauso vor, wie oben beschrieben. Achten Sie darauf, dass Sie die Nuggets möglichst dicht nebeneinander setzen, sonst dringt später nicht genug Licht nach außen.

Mischen Sie vor dem Auftragen des Fugenmörtels etwas Acrylfarbe in die Masse, bis der Ton zur Farbe der Glasnuggets passt.

Anleitung Seite 46.